OKLAHOMA OU RIEN

LA CONQUÊTE DE L'OUEST AMÉRICAIN PAR UNE ADOLESCENTE ET SON CHEVAL.

CRÉATION :
SCHOOL GIRLS PICTURE LIBRARY

ADAPTATION ET TRADUCTION :
DANIEL PICARD

BD-Nostalgies

Loi n°49-956 du 16 juillet 1949 sur les publications destinées à la jeunesse, modifiée par la loi n°2011-525 du 17 mai 2011. *Février 2020*

© Daniel Picard. Tous droits réservés.

ISBN 978-2-9570064-0-3

Dépot légal : mars 2020

| Dès le calme revint....

Combien de miles pour l'Oklahoma ?

Très bonne question ! Pour avoir une chance de concourir, nous avons 300 miles à faire avant le 22 avril !

A la vitesse d'une mule, cela fait 2 semaines ! Donc nous devons partir dans une semaine !

La soirée s'avéra pleine de discutions et suppositions.

Tess, je suis si excité ! Je n'arrive pas à m'endormir ! Va-t-on rencontrer de véritables indiens en peintures de guerre ?

Je n'en sais rien, Sandy ! Mais je pense qu'ils vont rester dans leurs réserves !

Bonne nuit Tess ! Ce qui nous attend est merveilleux !

Oui ! Certainement ! Dors bien !

C'ÉTAIT UN GRAND MOMENT POUR TESS. SEULEMENT LA PRAIRIE, L'AVENTURE ET L'AVENIR DEVANT SOIT.

ENVOIES-MOI UNE COIFFE DE CHEF INDIEN !

TESS ! GARDES REDWING EN DEHORS DE LA POUSSIÈRE ! C'EST UN PUR SANG !

BONNE CHANCE SAM ! VEILLES BIEN SUR TON MERVEILLEUX CHEVAL !

DIRECTION SUD-OUEST. SOUS UN CIEL SANS NUAGES, LA CARAVANE SE DIRIGEAIT SANS ENCOMBRES VERS L'OKLAHOMA.

NOUS ALLONS VERS DES MONTAGNES QU'IL VA FALLOIR CONTOURNER AU SUD PUIS ATTEINDRE LA RIVIÈRE DE L'ARKANSAS !

C'EST BEAUCOUP PLUS INSTRUCTIF ET EXCITANT QUE L'ÉCOLE !

LE MATIN SUIVANT, LE DÉPART EUT LIEU DÈS LA FIN DU PETIT DÉJEUNER. LE PAYSAGE ÉTAIT DE PLUS EN PLUS ACCIDENTÉ. ET VERS MIDI, LE CHARRIOT SE TROUVA ENLISÉ AU MILIEU D'UNE RIVIÈRE.

LES MULES NE BOUGENT PLUS. JE T'ENVOIE UNE CORDE POUR QUE TU PUISSES TIRER AVEC REDWING !

TESS ATTACHAIT UNE CORDE AU POMMEAU DE SA SELLE QUAND ELLE ENTENDIT UNE VOIX...

OH NON ! ON N'UTILISE PAS UN SI BEL ANIMAL POUR TIRER ! JE VAIS VOUS AIDER !

QUELQUES MINUTES APRÈS...

MERCI, ÉTRANGER !

CE N'EST RIEN ! DANS UN TEL PAYS, IL FAUT S'ENTRAIDER !

MAIS JUD GRUBER N'ÉTAIT PAS L'HOMME HONNÊTE QU'IL PARAISSAIT. IL FONÇA VERS UN PETIT CANYON OU L'ATTENDAIT UN COMPLICE.

SNYDER ! JE VIENS DE RENCONTRER UNE FAMILLE. ILS ONT UN PUR-SANG. J'EN AI VU RAREMENT D'AUSSI BEAU. C'EST CE QU'IL NOUS FAUT POUR GAGNER LA COURSE !

TRÈS BIEN ! ALORS ! QU'EST-CE QU'ON FAIT ?

GRUBER FIT UNE GRIMACE.

ILS NE VEULENT PAS LE VENDRE ! ON NE PEUT LE VOLER DIRECTEMENT MAIS NOUS ALLONS OPÉRER FINEMENT !

PENDANT CE TEMPS, LA FAMILLE ROGERS SE PRESSAIT. ILS ARRIVÈRENT À LA NUIT TOMBÉE À EUREKA SPRINGS.

PA ! VIENS VOIR !

Le responsable du camp mis au courant, Tess et son père retournèrent vers leur chariot.

« Ce mélange d'Indiens et de Blancs m'inquiète. Mais nous ne sommes plus seuls maintenant ! »

Au petit matin, tout le camp fut choqué d'apprendre que des Blancs se mêlaient aux Indiens pour leur nuire. Mais la caravane reprit la route avec détermination.

Malheureusement, les mules de Roger ne pouvaient pas suivre le rythme des chevaux du Kensas. Petit à petit, ils se laissèrent distancer et cassèrent une roue dans une fondrière.

— ÇA ! MENSONGES !

— MENSONGES ? JE TE MONTRE !

Et les Indiens ouvrirent un œil étonné sur Higgins avalant avec entrain des grandes bandes de tissus.

— UGH !

Sam Rogers ne savait pas que l'objectif réel des indiens était de voler Redwings.

AINSI, VOUS NE RAMENEZ-PAS LE CHEVAL !

NON, HOMME MÉDECINE TRÈS PUISSANT ! SI TOI VEUX CHEVAL ROUGE, TOI ALLER TOI-MÊME !

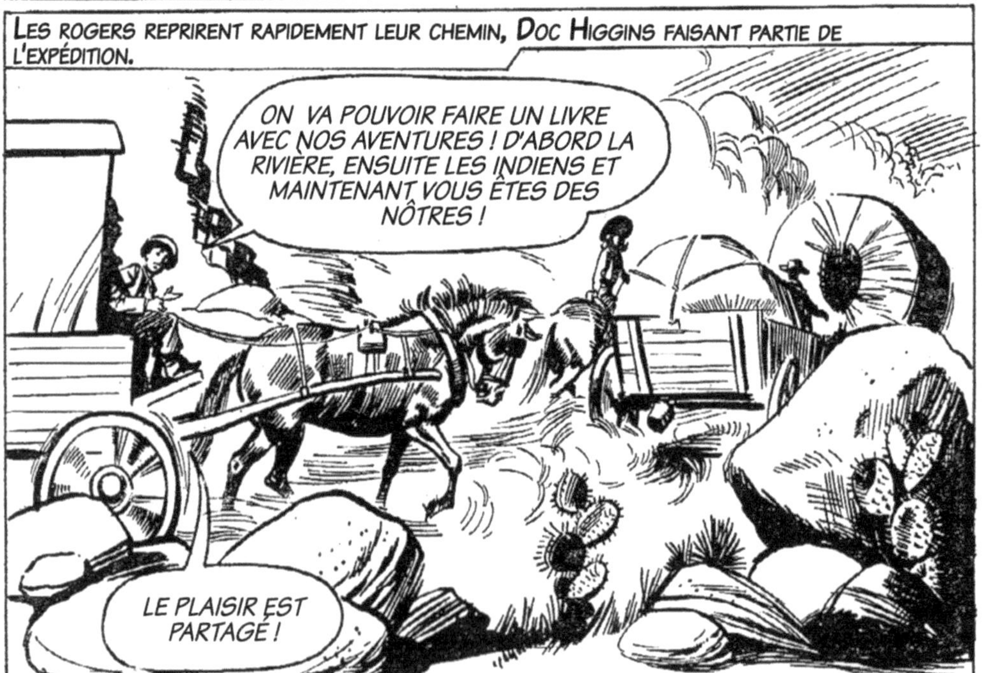

Les Rogers reprirent rapidement leur chemin, Doc Higgins faisant partie de l'expédition.

ON VA POUVOIR FAIRE UN LIVRE AVEC NOS AVENTURES ! D'ABORD LA RIVIÈRE, ENSUITE LES INDIENS ET MAINTENANT VOUS ÊTES DES NÔTRES !

LE PLAISIR EST PARTAGÉ !

DOC HIGGIN SOUPÇONNAIT FORTEMENT GRUBER !

IL NOUS A SUIVI ET A TENTÉ SA CHANCE QUAND TESS S'EST ISOLÉE !

C'EST UN DES 2 GARS QUI ÉTAIENT AVEC LES INDIENS L'AUTRE NUIT ! ILS VEULENT VRAIMENT S'ACCAPARER REDWING !

L'INCIDENT DE GRUBER A ÉTÉ PROVOQUÉ VOLONTAIREMENT ! GARDONS UN L'ŒIL SUR LUI !

COMME TU ES TRÈS PALE, TESS ! CE SERAIT MIEUX SI TON PÈRE MONTAIT REDWING ?

NON ! ÇA VA !

À L'OCCASION, J'AI UN EXCELLENT REMONTANT ! ET GRATUIT !

> LE SYMPATHIQUE CAPITAINE ACCEPTA AVEC PLAISIR L'INVITATION POUR SE RESTAURER.

— PENSEZ-VOUS, CAPITAINE, QUE VOUS EN AUREZ BESOIN ?

— MERCI MADAME ! NON ! NOUS ESPÉRONS NE PAS AVOIR À NOUS EN SERVIR ! NOUS ALLONS JUSTE POUR UNE OPÉRATION DE POLICE CONTRE LES TRICHEURS !

— QUE FAITES-VOUS DES TRICHEURS !

— NOUS AVONS ORDRE DE DÉFENDRE LES MILLIERS DE GENS HONNÊTES COMME VOUS, QUI AVEZ FAIT UN LONG PÉRIPLE POUR VOUS ÉTABLIR ICI !

> LE CAPITAINE ÉTAIT LÀ POUR QUE LA PROCÉDURE D'ATTRIBUTION DES LOTS DE TERRE SOIT APPLIQUÉE CONFORMÉMENT À LA LOI. D'ABORD RECONNAISSANCE DU CADASTRE ET CHOIX D'UN LOT. PUIS UNE COURSE EN LIGNE ÉTAIT ORGANISÉE. LE PREMIER CHOISISSAIT SON LOT ET PLANTAIT UN TÉMOIN, PUIS CHAQUE ARRIVANT, EN FONCTION DE L'ORDRE D'ARRIVÉE.

MÊME LES MULES ÉTAIENT UN PEU EXCITÉES PAR L'ACTIVITÉ AMBIANTE ET ACCÉLÈRENT LEURS PAS, SEMBLANT VOULOIR FINALISER AU PLUS VITE CE LONG VOYAGE.

SALUT ! ÉTRANGER ! D'OÙ VIENS-TU ?

RIVERDALE ! MISSOURI ! ET JE CHERCHE À MONTER UN MAGASIN !

Y A DE LA DEMANDE CHEZ LES CHERCHEURS D'OR !

MERCI ! JE VAIS VOIR !

HÉ ! DOC, J'ARRIVE PLUS À M'ASSOIR ! T'AS QUELQUE CHOSE ?

TESS AVAIT DE GROS ESPOIRS...

AUCUN CHEVAL NE PEUT RIVALISER AVEC REDWINGS! JE GAGNERAIS LA COURSE DEMAIN !

GRUBER ET SNYDER NE PERDAIENT RIEN DE L'ENTRAINEMENT.

SÛR QU'IL VA GAGNER ! QUE FAIT-ON ?

ON VA SE DÉBROUILLER DE FAÇON À CE QUE PERSONNE NE PUISSE NOUS SUSPECTER !

LES CRIS ATTIRÈRENT TOUTE LA FAMILLE.

J'AI SEULEMENT À PEINE VU 2 INDIVIDUS ET PUIS PLUS RIEN ! ILS M'AVAIENT ASSOMMÉ !

POURRIEZ-VOUS LES RECONNAÎTRE ?

NON, IL FAISAIT TROP NOIR ! MAIS UN RESSEMBLAIT BEAUCOUP À GRUBER ! J'AI TOUJOURS EUT DES SOUPÇONS SUR LUI !

GRUBER ! OUI ! IL DÉSIRAIT REDWING ! MAIS EN ARRIVER À ÇA ? DE TOUTE FAÇON, LA SITUATION EST CATASTROPHIQUE !

DE TOUTE FAÇON, NOUS NE POUVONS PAS RESTER COMME CELA ! NOUS DEVONS RATISSER LA VILLE !

ELLE A RAISON ! SAM ! QUELQU'UN A DU VOIR QUELQUE CHOSE ? IL NOUS RESTE UN PEU DE TEMPS AVANT LE DÉPART !

PRENEZ QUAND-MÊME VOTRE PETIT-DÉJEUNER !

Après le petit-déjeuner...

BIEN ! NOUS ALLONS TOUS DANS DES DIRECTIONS DIFFÉRENTES ET ON OUVRE L'ŒIL !

PA ! JE PEUX VENIR AUSSI ?

ET MOI AUSSI ?

LES JEUNES ! VOUS RESTEZ AVEC VOTRE MÈRE !

SUBREPTICEMENT, TESS S'EMPARA D'UNE RÊNE DU CHEVAL DE GRUBER.

ALLEZ-VOUS EN !

LAISSEZ LE CAVALIER PARTIR LIBREMENT ! VOUS GÂCHEZ SES CHANCES !

C'EST UN VOLEUR DE CHEVAUX !

ELLE EST FOLLE !

ALLEZ ! RETIREZ-VOUS !

59

UN FROTI À L'ALCOOL PROUVA QUE LE CHEVAL AVAIT SUBI UNE TEINTURE.

VOUS VOYEZ, MILITAIRE ! QUE CE N'EST PAS SA VRAI COULEUR !

CETTE PREUVE NOUS SUFFIT ! VOUS ÊTES EN ÉTAT D'ARRESTATION !

AVEC REDWINGS, JE PENSE AVOIR ENCORE MES CHANCES !

BONNE CHANCE, TU CONCOURS POUR NOTRE NOUVELLE MAISON !

LA FAMILLE DE TESS PARTICIPA QUAND-MÊME À LA COURSE.
NOUS AVONS D'ORES ET DÉJÀ PERDU LE TERRAIN QUE NOUS VOULIONS ! NOUS PRENDRONS CE QUI RESTE !
QUAND JE SERAIS GRAND, J'ABATTRAIS GRUBER ! OUAIS!
TIENS, IL Y A UN CHEVAL TRÈS RAPIDE QUI VA NOUS DÉPASSER !
UN QUI A RATÉ SON DÉPART ! ELLA !
ILS N'EN CROYAIENT PAS LEURS YEUX.
YIPPEE LA FAMILLE ! NOUS SOMMES ENCORE DANS LA COURSE !
NON ! ELLE ?...
C'EST TESS AVEC REDWINGS ! ELLE L'A RETROUVÉ !

PS : Doc Higgins conserva précieusement un baril de goudron et des plumes en l'honneur d'un certain Jud Gruber, au cas où il viendrait à passer par ici.

DANIEL PICARD

LA PETITE SOEUR DE SISSI DANS UN DÉCOR DE BAVIÈRE

PARUTION PROCHAINE

ANITA, PRINCESSE INDOMPTABLE

BD-NOSTALGIES

DANIEL PICARD

A PARAÎTRE DANS QUELQUES SEMAINES. LES AVENTURES D'UNE DEMOISELLE, D'UN GARÇON ET D'UNE JEUNE LOUTRE ! BANAL, NON ?

BD-NOSTALGIES

© 2020, Picard, Daniel
Edition : Books on Demand,
12/14 rond-Point des Champs-Elysées, 75008 Paris
Impression : BoD - Books on Demand, Norderstedt, Allemagne
ISBN : 9782322202577
Dépôt légal : mars 2020